H. Ogilvie: Jugenderinnerungen

Hans Ogilvie

Jugenderinnerungen

Flucht und Leben in der viergeteilten Stadt

Books on Demand GmbH

Norderstedt

ISBN: 9783752854176

Wien

Ich versuche, meiner Familie zu erzählen, wie ihr Vater bzw. ihr Opa seine Jugend verbracht hat, verbringen musste.

Ich bin Jahrgang 1939 und bin auf dem Flug zum Lufthansa-Heimatflughafen meines Vaters – Wien-Schwechat – in Leipzig geboren. Die Maschine musste damals extra für meine Mutter, und natürlich auch für mich, in Leipzig-Skeuditsch zwischen landen. So bin ich Deutscher geblieben und kein Österreicher geworden.

Die Kindheit verbrachte ich in Wien. Wir wohnten in einer großen Fünfzimmerwohnung im sechsten Bezirk, zwischen Prater und Stadtpark. ich glaube, meine ersten Lebensjahre müssen sehr schön und glücklich gewesen sein. Harte, tief sitzende Erinnerungen beginnen bei mir mit der zunehmenden Bombardierung Wiens.

Zu der Zeit war es fast Pflicht, ständig das Radio eingeschaltet zu lassen, und wenn der Ruf des Kuckucks im Radio zu hören war, verbunden mit dem Hinweis: „Starke Bomberverbände nähern sich Wien aus Ost, West, Süd, Nord oder sonst woher, in einer Entfernung von x km" holte meine Mutter dann eine Karte hervor, deren Mittelpunkt von unterschiedlichen Kreisen verschiedener Radien unser Bezirk war. Die Entfernungsmeldungen, verbunden auch mit Richtungshinweisen der Bomberverbände, wurden dann immer öfter gesendet. Ab einer gewissen Entfernung mussten wir dann in den Luftschutzkeller, ein normaler Hauskeller, abgestützt mit Holzbalken und mit Sitzbänken versehen.

Der Weg in den Keller, aus der fünften Etage, fast täglich, auch nachts, war sehr mühsam. Es gingen dann ja fast alle Mieter zur gleichen Zeit in den Keller, und es kam mitunter zu Staus im Treppenhaus. Im Keller saßen dann alle Bewohner bei einer sehr spärlichen Beleuchtung. Hier habe ich das unterschiedlichste Verhalten der Hausbewohner im Keller erkennen können. Wir hatten alle die nackte Angst. Jedes Mal, wenn eine Bombendetonation zu hören war, das Licht flackerte, der Sand von der Kellerdecke rieselte, bedingt durch den damaligen Stand der Art, zu bauen, dann schrien einige lauthals, andere beteten, wieder andere saßen kreidebleich und teilnahmslos auf ihrer Bank. Mütter heulten, einige rissen ihren kleinen Kindern, die etwas jünger waren als ich, den Mund weit auf, um somit für einen Druckausgleich zwischen Ohr, Nase und Mund zu sorgen. Ab diesen Tagen sehe ich noch heute die Vergangenheit vor mir. Ich könnte heute noch sagen wo ich, meine Schwester und meine Mutter saßen. Wenn dann nach einer geglaubten unendlichen Zeit die Luftschutzsirenen Entwarnung gaben, ging die Tortur andersrum wieder los. Jeder wollte so schnell wie möglich in seine Wohnung, um nachzuschauen ob das Haus noch ganz steht oder nur ein Teil, ob die Fensterscheiben ganz geblieben sind usw.

Einmal war eine Phosphorbrandbombe, ohne zu explodieren, in der Decke über dem Bett meiner Eltern stecken geblieben. Heute ist mir erst bewusst was für ein großes Glück es für uns und für das ganze Haus war, dass die Bombe nicht explodiert ist. Brandbomben wurden zuerst abgeworfen, um mit ihren Brandherden der zweiten Bomberwelle ihre Ziel durch den Feuerschein zu zeigen.

Die Hausbewohner bildeten eine große Gemeinschaft, was sich später böse ändern sollte.

Meine Eltern und wir Kinder verbrachten, bis auf die immer häufiger werdenden Bombenangriffe, insbesondere nachts, eine gute Zeit in Wien in unserem Wohnhaus. Die Situation änderte sich schlagartig, als der Krieg sich offensichtlich dem Ende zu nähern schien. Ende 1944 wurden wir als Deutsche geschnitten und verachtet. Meine Schwester durfte nicht mehr in die Schule gehen, das Lehrerkollegium hatte es so beschlossen. Es eskalierte. Die ehemaligen Volksdeutschen waren nun wieder Österreicher und haben uns des Landes verwiesen. Sie haben uns rausgeschmissen.

Flucht

Mein Vater war zu der Zeit Soldat an der Westfront und konnte meiner Mutter nicht schützend beistehen. Kurz: unsere sehr gut eingerichtete Wohnung wurde von den einst so lieben und hilfsbereiten Hausbewohnern regelrecht geplündert. Man sagte meiner Mutter, die Möbel, Wäsche, Bücher, Geschirr usw. kämen in ein Depot und würden nach Kriegsende an uns zurück gegeben. So mussten wir Wien verlassen. Meine Mutter, Meine Schwester und ich durften nur so viel mitnehmen, wie wir tragen konnten. Es war für meine Mutter schwer zu entscheiden: was nehmen wir mit, und was lassen wir da? Ist das Silber wichtiger als die Briefmarkensammlung? Waren einige Bilder wichtiger als Papiere? Ich hatte einen kleinen Rucksack, aus dem mein Teddy rausguckte, mein damaliger Kummerbär.

Zu der Zeit galt Ostpreußen noch als relativ kriegssicher. Die Familie meines Vaters kam aus Ostpreußen, und so war es für meine Mutter naheliegend, erst einmal zu ihrem

Schwager nach Insterburg zu gehen. Auch er war an der Front, Ostfront, und so war meine Tante nicht traurig, uns in ihrem großen Haus aufnehmen zu können. Zu der Zeit wurde von den Behörden – ich weiß nicht wie sie alle hießen – schon alles geplant und vorgeplant.

Wir mussten Insterburg verlassen und wurden in eine Försterei mit vielen Wirtschaftsgebäuden nach Lüben evakuiert. Dort hatten wir eine kurze Zeit des Friedens. keine nächtlichen Bombenangriffe, Schnee und Frost, warme Zimmer, genug zum Essen, einfach alles was wir fast vergessen hatten. Es wurde ja alles für die Front gebraucht. So endete erst einmal unsere Odyssee.

Das Leben im Forsthaus

Klirrende Kälte, Schnee auf den Tannen, der See, der zur Försterei gehört, zugefroren, ein warmes Zimmer, genug zum Essen, was will man mehr. Für mich als Jungen war der ganze Hof ein Abenteuer. Die Tiere in ihren Ställen: es gab zwei Schweine, eine Kuh, mehrere Truthähne und Puten, Enten und Hühner, die drei Hunde, zwei Rauhaardackel, ausgebildete Dachshunde und ein großer Jagdhund. Ein gewaltiger Backofen stand im Hof. Zum Brotbacken wurde vorher der Backofen mit Reisig und Holz vollgepackt und dann das Holz angezündet. Der Ofen brannte so ca. eine bis anderthalb Stunden. Dann wurde er geöffnet, das noch rot leuchtend glühende Holz aus ihm herausgeholt, der Ofen sauber gefegt, und dann kamen die Brotlaibe in den heißen Ofen. Manchmal durfte ich zusehen, wenn der Ofen geöffnet wurde. Man sagte mir, wenn das rot glühende Reisig und Holz zu sehen waren: das sind Reste von der bösen Hexe von Hänsel und Gretel.

11

Mein Vater kam uns dort auch besuchen. Für mich ist es immer noch ein Rätsel, wie die Menschen in den ganzen Kriegswirren ohne Computer zu einander fanden. Ich habe eine kleine glückliche Erinnerung an meinen Vater und dem See. Das Eis war dick gefroren und wir, ein paar Kinder vom Ort und ich schlitterten auf dem Eis. Als mein Vater mit seinen Soldatenstiefeln zu mir aufs Eis kam und mich an die Hand nahm, da sind wir über den ganzen See geschlittert. Die Schuhsohlen bestanden aus Nägeln, und auf dem Eis da waren sie beim Schlittern nicht zu bremsen. Ich war sehr stolz auf meinen Vater. Wusste ich doch von einigen Kindern, dass der Vater im Krieg gefallen oder vermisst war.

Für mich hätte die Zeit stehen bleiben können. In der heilen Forsthauswelt mit all den Tieren, dem Schnee, nicht zu frieren, genug zu essen: einfach schön. Irgendwann merkte ich eine Veränderung bei den Forstleuten und meiner Mutter. Es lag etwas in der Luft, was in meiner Schwester und mir Angstgefühle aufkommen ließ. Die Bombennächte in Wien belasteten meine Schwester doch sehr. Auch hier im Forsthaus konnte sie das Erlebte nicht vergessen. Wir haben dann von den Erwachsenen erfahren: die Ostfront rückt immer näher, und ein Treck soll zusammen gestellt werden. Wir sollten uns darauf einstellen und an diesem Tag bereit stehen, um uns dann dem Treck anzuschließen.

Jetzt begann eine hektische Zeit. Nicht alle Tiere konnten und durften mitgenommen werden. Die Schweine, die Puten, die Hühner – alles musste geschlachtet werden. Es wurde gekocht, gepökelt und eingeweckt, um diese Reserven mit auf die Flucht zu nehmen. Die Kuh konnte mitlaufen und die Pferde wurden als Zugtiere gebraucht. Die abenteuerlichsten Szenen spielten sich ab. Schon alleine die Puten zu schlachten, mußte ein Abenteuer für sich sein. Sie einzufangen schien fast unmöglich zu sein.

Sehr traurig war ein Erlebnis für mich, als der Förster seinen Schlitten anspannte und seine Hunde mitnahm. Die Hunde freuten sich, war es für sie ja ein gewohnter Anblick: der Förster, der Schlitten, die Flinte. Jetzt geht es in den Wald auf die Jagd. Nach langer, sehr langer Zeit kam der Förster ohne seine Hunde mit dem Schlitten aus dem Wald zurück. Er hat seine Hunde schweren Herzens erschießen müssen. Sie durften den Treck nicht begleiten.

In all dieser Hektik in der Aufbruchsstimmung mussten auch wichtige Papiere und Unterlagen verbrannt werden. Auch meine Mutter bekam eine ganze Kiste voller wichtiger Papiere, die vernichtet werden mussten. Das Ofenrohr von unserem kleinen Ofen war von dem ständigen Feuer fast glühend. In dieser Situation kam die Försterin in unser Zimmer und sagte, morgen mittag käme der Treck vorbei, und wir hätten uns diesem Treck anzuschließen. Es wäre die letzte und höchste Zeit, der Russe – so sagte man damals – der Russe sei nur noch 50 Kilometer entfernt, und man wisse nicht, ob die deutsche Wehrmacht in der Lage sei, trotz anders lautenden Durchhalteparolen, die Russen aufzuhalten. Als meine Schwester das hörte, fiel sie in Ohnmacht und hat wohl aus einem Reflex heraus mit beiden Händen das fast glühende Ofenrohr umfasst. Meine Mutter und auch ich waren zu Tode erschrocken. Das Weinen und meine vor Schmerzen schreiende Schwester, diesen Anblick und den Schrei, habe ich ein Leben lang nicht vergessen. Sofort kam die Försterin, sah und erkannte die Situation. Wie damals noch üblich, kam sie mit Verbandsmaterial und Brandsalbe, für heutige Zeit undenkbar. Die beiden Hände wurden dick verbunden, und mit irgendeinem Schmerzmittel wurde meine Schwester ruhig gestellt. Gute Voraussetzungen für eine lange Flucht.

Der Treck

Am nächsten Morgen war unser Wagen vollgepackt mit allen wichtigen Sachen, wie dem ganzen gepökelten und eingekochten Fleisch, Futter für die Pferde und auch etwas Hausrat. Für mich war ein Platz auf dem Wagen vorgesehen. Der Wagen durfte nicht überladen sein, sonst wären die Räder gebrochen, oder andere Teile zu Bruch gegangen. Daher war hinten am Wagen eine Querstange angebracht, an der sich die Erwachsenen, die die ganze Flucht zu Fuß mitgehen mussten, mal festhalten konnten. Auch meine Schwester war davon betroffen, die die ganze Flucht trotz ihrer verbundenen Hände zu Fuß mitgehen musste.

Vor der Kälte konnte man sich etwas schützen. Da nur wenig an Kleidung mitgenommen werden durfte – des Gewichtes wegen, wurden mehrere Jacken, Strickjacken, Pullover und Mäntel übereinander angezogen: in Fußvolk in abenteuerlicher Kleidung, das sich mit dem Treck auf die Flucht durch das verschneite Ostpreußen begab.

Unser Weg, den der Treck zu gehen hatte, wurde von der obersten Heeresleitung festgelegt. Er führte uns fern jeglicher Land- und Fernstraßen. Diese mussten freigehalten werden für Truppen und Verwundetentransporte. Auch sollten wir möglichst im Schutz von Wäldern und Tälern fahren, um vor Luftangriffen durch Tiefflieger etwas sicherer zu sein. Dementsprechend waren dann auch die Wege und Sträßchen.

Ich habe da leider sehr viel Not und Elend mit ansehen müssen: Tote, denen die Kräfte verlassen hatten oder zwei alte Menschen, die einfach nicht mehr weiter laufen konnten und wollten. Sie hatten mit dem Leben abgeschlossen und wollten nur noch sterben. Kinder, die auf dem Treck starben, wurden in kleinen Kisten, mit einem Kreuz versehen, an den Wegrand gestellt. Jede Menge Hausrat und andere Dinge säumten unseren Weg, alles Dinge, die abgeladen werden mussten, da der Wagen sich als zu schwer und überladen herausstellte. Pferde, einst Reitpferde, lagen tot am Rand. Sie wurden überfordert, und waren es auch nicht gewohnt, schwere Lasten zu ziehen: einfach grausame Bilder, die mir jetzt wieder vor Augen kommen.

Sehr schlimm für den Treck war es, wenn ein Rad oder eine Achse gebrochen war. Es musste mit den vorhandenen Hilfsmitteln schnell notdürftig repariert werden. Das sorgte natürlich für Staus. Auf den schmalen Wegen konnte nicht überholt werden. So stand der Treck, meist im freien Gelände mit der Angst im Rücken: der Russe ist nur noch ca.40 Kilometer von uns entfernt. Die Hoffnung der Erwachsenen lag bei unserer Wehrmacht. Mögen sie bitte die Russen aufhalten und zurückschlagen. Wenn es endlich weiter ging, lagen wieder Kisten, Tische, kleine Schränke oder kaputte Treckwagen am Wegrand. Schweigend ging der Marsch weiter bis zum nächsten Übernachtungsort. Freundlich wurden wir nirgends empfangen. Wir waren zerlumpte Flüchtlinge, die in ihrem Ort etwas zu essen haben wollten und einen Platz zum Schlafen. Für die Zugtiere waren diese Nachtstunden wenigstens auch etwas Zeit zum Ausruhen.

Unser Nachtlager befand sich meistens in Scheunen, oder öffentlichen Einrichtungen, wie Turnhallen oder Kirchen. Der Boden war mit Stroh aufgeschüttet. Nachts hörte man die Mäuse und Ratten im Stroh rascheln. Die Menschen, die den Weg bis jetzt zu Fuß zurück gelegt hatten, brachen vor Erschöpfung schnell in den Schlaf. Sehr oft wurde der Schlaf durch Schreie oder lautem Weinen unterbrochen, von Treckfahrern, die durch ihr Erlebtes im Traum aus den Schlaf gerissen wurden. So zog sich der Treck mit den täglichen Unterbrechungen schweigend durch die Schneelandschaft.

Dresden

Ich weiß nicht das Datum unseres Aufbruchs, aber aus den späteren Erzählungen meiner Mutter weiß ich: wir waren in Dresden, haben dort übernachtet, und Dresden am 11. Februar 1945 verlassen – zwei Tage vor dem verheerenden Luftangriff am 13. Februar 1945, bei dem Dresden fast total zerstört wurde. Die armen Menschen, die sich zu der Zeit gerade mit ihrem Treck in Dresden befanden, gehörte unser ganzes Mitgefühl.

An eine Situation erinnere ich mich noch sehr genau: das war der Aufstieg vom Elbhöhenniveau auf das Hochebenenniveau durch die engen, steilen Gassen in Meißen. Ich habe da zum ersten Mal erlebt, dass der Treck nach dieser Anstrengung eine Pause, wenn auch nur kurz, eingelegt hatte.

Ich kann mich an diese Pause deshalb so gut erinnern, weil diese Rast dazu genutzt wurde, um meiner Schwester unter Schmerzen die Verbände zu wechseln. Ich durfte mir die Beine vertreten und konnte da die kaputten, verkrusteten Hände meiner Schwester sehen. Sie muß unheimliche Schmerzen in den letzten Wochen ertragen haben. Das war auch eine große Belastung und Sorge für meine Mutter. Für sie war es ein Segen, daß ich so stabil, auch ohne zu klagen, auf dem Wagen war.

Natürlich konnte der Treck nicht anhalten, wenn jemand seine Notdurft zu erledigen hatte. Frauen wie Männer gingen an die Seite und mussten dann nach Beendigung ihrer Not dem Treck hinterherlaufen, um wieder Anschluss zu finden. Einige waren wohl so schwach, dass sie nicht mehr zurück kamen oder kommen wollten. Ich saß dann auch längere Zeit, wenn ich den Druck der Blase nicht mehr halten konnte, in meinem nassen Fußsack, der einst dem Förster gehört hatte. Die Kälte tat ihr übriges, und oft war mein Fußsack stark angefroren. Es war bitter kalt dann.

Nach der Pause formierte sich der Treck wieder, und für die Großen begann wieder der endlos scheinende Fußmarsch, immer dem Wagen hinterher. Ich habe mir sicher gut die Landschaften und Wälder ansehen können. Durch das Einerlei kann ich nicht mehr sagen, was ich gesehen hatte, noch wo wir mit unserem Treck waren. An eins kann ich mich aber noch genau erinnern: an das Aussehen der Bäume im Wald und an unserem Wegrand: viele, sehr viele Bäume waren durch Granaten so verstümmelt, dass sie als Baum nicht mehr zu erkennen waren. Andere Bäume waren nicht so schlimm betroffen. Es fehlten ganze oder auch nur halbe Zweige und Äste des Baumes. So sahen sie durch Kriegseinwirkung aus. Noch heute habe ich die Bilder der verstümmelten Bäume vor Augen, und es fällt mir schwer, heute von irgendeinem selbst ernannten Baumchirurgen wieder solche verstümmelten Bäume sehe zu müssen.

Zwickau

Das Wetter besserte sich täglich. Neuer Lebensmut ging mit jedem Sonnenstrahl durch den Treck. Etwa im März 1945 endete der Treck in Zwickau in Sachsen. In Zwickau war der Amerikaner, und es herrschte aufkeimender Optimismus. Wir wurden in Zwickau die erste Zeit erst einmal in eine Turnhalle einquartiert.

Wir waren auch am Ende unserer Kräfte – kein Wunder, wie viele Kilometer gelaufen wurden. 25 Kilometer mussten am Tag zurückgelegt sein. 30 Kilometer war noch besser. Wir wussten, dass noch mehrere Trecks hinter uns waren. Die Straßen und Wege durften nicht blockiert werden. Auch hier gab es böse Unfälle. ein Wagen war an einer Abfahrt zu schnell den Abhang runter gefahren. Die bis an die Grenzen strapazierten, mitunter nur notdürftig reparierten Wagen, bei vielen immer noch überladen, sind sie dann an solchen Stellen sehr hohen Belastungen ausgesetzt. Auch hier: die Bremse war gebrochen. Der Wagen wurde zu schnell und hat dann mit seiner Deichsel das Pferd aufgespießt und ist mit dem ganzen Hab und Gut umgekippt. Das Pferd musste von seinen Schmerzen befreit werden. Es wurde erschossen. Der Wagen war nicht mehr fahrbereit, ein Totalschaden.

Pausen durften keine gemacht werden: weiter, nur keinen Stau auslösen. Da habe ich gesehen, wie bei aller Not und Hoffnungslosigkeit die Menschen das Hab und Gut auf andere Wagen verteilt haben. Es wurde nicht gefragt, warum gerade ich? Mein Wagen ist ja auch überladen. Soll mir das auch gleich passieren? Die Hilfsbereitschaft, Menschen in wirklicher Not uneigennützig zu helfen, war da. Jeder wusste in diesen Augenblicken: auch mir kann das geschehen. Ich kann der Nächste sein, der auf die Hilfe der anderen angewiesen ist. Noch heute sitzt das Erlebte tief in mir, und ich helfe Menschen in Not.

Ich habe da auch das Verhalten von Menschen, die nicht auf der Flucht waren, sondern in den Dörfern wohnten, kennen gelernt. Freude kam im Treck auf, wenn gemerkt wurde: es war noch kein Treck vor uns durch das Dorf gekommen. Wir wurden nicht begrüßt, aber auch nicht abgewiesen. Für uns Kinder ist da schon mal ein Stück Brot abgefallen. In Dörfern, durch die schon ein Treck gezogen war, da waren keine Dorfbewohner auf der Straße, die Türen und die Fenster alle verschlossen. Durch einen kleinen Spalt breit geöffneter Fenster wurden wir genau beobachtet, was wir machten. Bloß nichts anfassen, denn dann wurde schon der Hofhund losgelassen. Das Leben geht weiter, und Menschen auf der Flucht wird auch heute immer noch mit Misstrauen und Ablehnung begegnet.

Dass die Amerikaner zu der Zeit in großen Teilen Sachsens waren, war kriegsbedingt. Es bestand ein Abkommen, die amerikanische Armee, vom Westen her kommend, kämpfte gegen die deutsche Wehrmacht bis zur Elbe, und die russische Armee, vom Osten her kommend, kämpfte gegen die deutsche Wehrmacht auf der anderen Seite. Die Elbe sollte das Ziel sein, an dem sie sich als Siegermächte treffen. Torgau war der Ort an der Elbe, an dem sich die Oberbefehlshaber beider Armeen treffen sollten.

Vereinzelt wurde noch in deutschen Kleinstädten und Orten, die Widerstand leisteten, weitergekämpft, aber die dort erzielten Siege der Amerikaner und Russen waren nicht mehr kriegsentscheidend. Panzersperren aus Beton und Stahl, tiefe Gräben in den Straßen, die die Panzer aufhalten sollten, waren Zeugen der letzten Schlachten an der Front. Ausgebrannte Panzer und andere Fahrzeuge und abgeschossene Flugzeuge säumten die Straßen oder lagen auf den Feldern. Es roch immer noch nach verbranntem Gummi. Die Soldaten müssen sicher sehr schnell zu anderen Einsätzen an der sich ständig ändernden Front gerufen worden sein. Sie hatten keine Zeit, sich um ihre toten Kameraden zu kümmern. Lediglich ihre Unformen waren aufgeknöpft, und ihre Erkennungsmarken fehlten. Die hatte der Truppführer sicher alle mitgenommen.

Diese Zeit war sehr aufregend. Zwickau gehörte meiner Erinnerung nach zu den Städten, die noch Widerstand leisteten. Nächtliche Ausgangssperren für die Zivilbevölkerung waren normal. Wenn ich aus dem Fenster nachts geschaut habe, sah ich am Himmel oben riesige Bomberverbände Richtung Berlin fliegen. Der Himmel leuchtete rot von den brennenden Städten. Die Flugzeuge der Engländer und der Amerikaner, die ihre Truppen aus der Luft unterstützen sollten, warfen erst einmal die sogenannten Christbäume ab. Es handelte sich um kleine brennende Magnesiumkapseln, die an kleinen Fallschirmen zur Erde flogen. Diese gespenstische Beleuchtung reichte aus, um der zweiten Bomberwelle ihr Zielgebiet zu markieren. Die zweite Bomberwelle markierte das Zielgebiet dann mit Brandbomben. Die gegnerische Artillerie hatte dann ein leichtes Ziel für ihren Dauerbeschuss.

Das dumpfe Donnern der explodierenden Granaten und langsam runter schwebenden Christbäume habe ich immer noch in Erinnerung. Noch heute gehe ich mit gemischten Gefühlen zu einem Feuerwerk und denke mitunter an diese Christbäume.

Es war sicher eine aufregende Zeit auch für meine Mutter. Ich weiß noch, wie ich in Zwickau mittags von einem Fahrrad angefahren und am Augenlid verletzt wurde. Es hatte fürchterlich geblutet. Ein beinamputierter Soldat, der wohl eine Ausbildung zum Sanitäter gehabt haben muss, leistete erste Hilfe und klammerte mit zwei kleinen Metallklammern die Wunde an meinem Auge. Geblutet hatte ich immer noch, als ich nach Hause in unsere Unterkunft kam. Meine Mutter muss wohl so einen gewaltigen Schreck bekommen haben, dass sie sich erst einmal hinsetzen musste, um nicht umzukippen. Das will für meine Mutter schon was heißen, die auf dem langen Treck sicher viel Schlimmes sehen musste.

Für mich waren es ab jetzt ruhige und aufregende Tage. Um das Essen brauchte ich mich nicht mehr so stark wie bis her zu kümmern. Das Wetter war schön, Schulen gab es noch nicht. Überall gab es etwas zu entdecken. Zu der Zeit fing ich an, Granatsplitter zu sammeln. Je nach Beschaffenheit des Sprengstoffs und Art des Metalls konnte der Splitter verschiedene Farben haben. Die begehrtesten Granatsplitter waren die, die extrem viele und unregelmäßige Zacken hatten. Man konnte sich gut vorstellen, was für eine schwere Verletzung so ein Granatsplitter verursachen konnte.

Ich erinnere mich an ein Ereignis, das kurz vor Kriegsende gewesen sein muss. Es war Anfang Mai, Ende April, als nachts Lautsprecherwagen durch Zwickau fuhren, und laut in die Nacht riefen: „Die Sachsen, die Zwerge, die kommen zuletzt in die Särge." Ich konnte nichts damit anfangen, und die Erwachsenen, glaube ich, haben diese Aufrufe auch nicht allzu ernst genommen. Die Bedeutung konnte man erst später erfahren. In einer Nacht im Mai hörte ich das typische quietschende und rasselnde Geräusch von Panzern, die mit dröhnendem Motor durch die

Straßen fuhren. Die ganze Nacht, ein Panzer nach dem anderen. Die Bevölkerung glaubte, die Amerikaner sammeln ihre Kräfte und bleiben in ihrem Teil bis zur Elbe, den sie sich noch bitter erkämpft hatten. Dass es ein Irrtum war, stellte sich am nächsten Morgen raus. Die Panzergeräusche waren schon richtig, aber die Amerikaner haben nicht ihre Panzer in der Region stationieren wollen, sondern sind abgezogen, und die russische Armee hat diese Region bezogen und als russische Zone ausgegeben.

Deutschland ist nach dem 8. Mai 1945, entsprechend der Siegermächte in vier Zonen aufgeteilt worden. Es gab die amerikanische, die englische, die französische und die russische Zone. Berlin, als Hauptstadt, bekam einen Sonderstatus. Berlin wurde in vier Sektoren eingeteilt, von denen aus das so aufgeteilte Deutschland verwaltet wurde. Die Amerikaner mussten Sachsen verlassen, als Ausgleich für ihren russischen Sektor in Berlin. Die besondere Situation Berlins lag darin, dass die vier Alliierten, die Siegermächte, in Berlin ihre Sektoren hatten, aber Berlin ganz umgeben war von der russischen Zone, was später ja zur Blockade von Berlin führte.

Mosel

Unsere Unterkunft in Zwickau wurde aufgelöst, und wir bekamen ein Quartier in einem kleinen Nachbarort, Mosel, in einem kleinen Haus. Zwei Zimmer unter dem Dach bei einer Kriegerwitwe, eine ruhige, ernste Frau. Der Verlust ihres Mannes hat sie sehr mitgenommen. Das war nun unser neues zuhause. Das befand sich auf einem kleinen Berg, einer Hochebene. An einer kleinen Straße befanden sich an einer Seite eine Reihe kleiner Einfamilienhäuser, umgeben von Feldern, und an der anderen Seite war der sanfte Berghang mit gutem Blick auf eine Landstraße, heute Bundesstraße. Von der Landstraße ging die Straße zu den Häusern auf dem Berg. Oben auf der Ebene waren zur Rechten die Einfamilienhäuser und auf der linken Seite, kurz vor dem Berghang, stand eine kleine Kirche.

Der Friedhof wurde zweckentfremdet. Eine FLAK – Flugabwehrkanone – und ein MG-Nest – Maschinengewehr-Nest – wurden dort errichtet. Auf die Straße im Tal konnte von hier aus in alle Richtungen gut eingesehen werden. Strategisch gesehen sicher ein idealer Platz. Als wir zum ersten Mal die kleine Bergstraße auf dem Weg zu unserem neuen Quartier hoch kamen, lagen noch im MG-Nest zwei Tote, und in der Kirche waren mehrere verwundete Soldaten. Die weißen Fahnen wehten noch an der Kirche und den Häusern an der rechten Seite.

Die Russen sind mit ihren Panzern vor jedes Haus gefahren, haben angehalten und in jedem Haus nach versteckten Soldaten und Waffen gesucht. Wenn kein russischer Offizier in ihrer Nähe war, haben sie das Haus geplündert. Alkohol und Uhren, eben alle Wertsachen, wurden mitgenommen. Waren Frauen, hauptsächlich junge Frauen, noch im Haus so wurden auch sie mitgenommen. Zum Glück flüchteten dann die Frauen, wenn auch nur ein Russe in Sicht war, in die nahen Felder.

Ein, zwei Tage später wurden die Toten abgeholt und die verwundeten Soldaten aus der Kirche in ein russisches Militärlazarett gebracht. So grausam die Russen zu der Bevölkerung auch waren, für Kinder hatten sie alle ein Herz. Sie gaben uns von ihrer kargen Ration, die sie hatten, Brot, meistens die Hälfte ab.

Später waren ein abgeschossenes Flugzeug, das gleich hinter den Häusern im Feld lag, und die FLAK-Stellung ein idealer Spielplatz für uns. Unten im Tal, in den mit Wasser vollgelaufenen Bombenkratern, konnte man auf den abgeworfenen Zusatztreibstofftanks der Flugzeuge, die auf dem Weg nach Berlin waren, wunderbar Boot fahren. Es war aber sehr gefährlich, auf diesen Tanks im Wasser zu sitzen. Man musste ganz ruhig da sitzen und ganz vorsichtig mit den Händen leichte Ruderbewegungen machen, um wieder ans andere Ufer des Kraters zu kommen. Die Gefahr bestand darin, dass die Tanks rund waren und ohne jegliche Stabilisatoren. Schon Wind konnte ausreichen, und sie drehten sich um ihre eigene Achse. Ich weiß nicht, wie viele Kinder in ähnlichen Kratern durch diesen Leichtsinn ertrunken sind.

Die Zeit verbrachte ich in diesem Sommer mit Spielen in und mit den Kriegshinterlassenschaften. Die FLAK ließ sich noch drehen, das Flugzeug war noch nicht ganz ausgeschlachtet, und an die zerstörten Panzer, die im Feld und am Straßenrand lagen, gingen wir nicht ran. Wer weiß, was wir dort vorgefunden hätten. Wir hatten einfach Angst. Gruselgeschichten von den großen Jungen bestätigten unsere Angst.

Meine Mutter wartete jeden Tag auf eine Nachricht von meinem Vater. Ist er noch am Leben, ist er in Gefangenschaft, wenn ja, bei wem? Bei den Russen, bei den Engländern, bei den Franzosen oder bei den Amerikanern?

Die Russen in unserer Region zeichneten sich dadurch aus, dass sie die Unterarme voller Armbanduhren hatten und fast steife Finger durch die aufgesteckten Ringe – alles Sachen, die sie geplündert hatten. Auch war die Angst vor den Russen bei den Frauen groß, vor allen Dingen, wenn sie getrunken hatten. Sie tranken alles, was Alkohol enthielt. Dazu gehörten auch Rasierwasser und Parfüms.

Es wurde viel getrunken und gefeiert. Ich erinnere mich an einen lauen Sommerabend in Mosel. Wir waren in unserem Aussichtspunkt und beobachteten die Russen beim Feiern. Musik und Tanz bestimmte den Stil der Feier. Plötzlich saßen mehrere Russen mit ihren Musikinstrumenten – Balalaika und Akkordeon – am Straßenrand, und auf der Straße tanzten die Russen, einer nach dem anderen. Sie gingen in die Knie, sie drehten sich im Kreis, sie sprangen in die Luft. Jeder hatte einen anderen Tanz. Man merkte in diesen Augenblicken: auch die Russen litten von der Trennung zu ihren Familien weit, weit in

Russland. Der Tanz, der Gesang, die Musik brachte sie in Gedanken nach Hause, und sie sangen und tanzten sich den Kummer, die Kriegserlebnisse, die Trennung von der Seele.

Langsam wurde es ruhiger bei uns in Mosel. Offiziere haben für Ordnung gesorgt, und es gab kaum noch diese Abende, kaum noch betrunkene russische Soldaten in der Öffentlichkeit. Der militärische Straßenverkehr wurde durch Verkehrspolizisten geregelt.

Es waren fast normale Zeiten, bis auf den Hunger, den wir alle hatten. Die Lebensmittelrationen waren sehr, sehr knapp bemessen. Die Männer und Frauen, die zu Arbeiten zum Wiederaufbau des Eisenbahnschienennetzes oder zu anderen schweren Arbeiten gezwungen wurden, bekamen die besten Versorgungsmarken. 1850 Kalorien betrug ihre tägliche Ration. Alte Leute, Kinder und Hausfrauen bekamen, glaube ich, 1500 Kalorien pro Tag zugesprochen. Damit jeder wusste, wie viel Kalorien man bekam, gab es Lebensmittelmarken, die verschiedene Farben hatten. Es gab die Schwerarbeiter-Lebensmittelkarte, die für Frauen mit Kindern, ohne Kinder, Karten für alte Menschen und Kinder. Die Versorgung der deutschen Bevölkerung in den jeweiligen Sektoren war Aufgabe der Besatzungsmächte.

Es wurde alles gekocht, was essbar aussah. Hunger und Kälte – Frostbeulen an Händen und Knien – waren für mich damals die größte Belastung. Noch heute habe ich Angst vor Kälte, sodass meine Kinder immer sagen, ich heize zu viel, und beim Einkauf von Lebensmitteln kaufe ich immer noch z viel ein. Diese Erinnerungen haben mich bis heute geprägt.

Es wurde zu der Zeit alles, was brennbar war, in den Herden und Öfen oder in den kleinen Öfen, auch Kochhexe genannt, verbrannt.

Meine Mutter bekam Post vom Roten Kreuz, dass mein Vater in amerikanischer Kriegsgefangenschaft, sich in einem Gefangenenlager in der Nähe von Montabaur im Rheinland befindet. Die Freude von uns Dreien, meiner Mutter, meiner Schwester und von mir kannte keine Grenzen. die Tatsache, dass mein Vater lebt, war das Wichtigste. Es wurde nicht gefragt nach eventuellen schweren Verwundungen oder anderen Verletzungen, Hauptsache er lebt. Diese Nachricht war gleich Gesprächsstoff für die anderen nach Mosel evakuierten Frauen, Mütter und Großeltern. Es gab gleichzeitig den anderen betroffenen wieder Hoffnung, auch eventuell eine solche

Nachricht zu bekommen. Sie hatten ja alle
Väter, Söhne oder Brüder an der front gehabt.

Meine Mutter machte schon Pläne,
egal wann mein Vater in Mosel ankommen
würde, was wir zu essen hätten, denn sie
konnte sich vorstellen, dass unsere karge Kost
immer noch besser war als die, die es im Lager
gab. Es verging noch der Sommer, immer ohne
Nachricht von meinem Vater. Ich weiß noch wie
heute: es war ein warmer Herbsttag, als mein
Vater plötzlich vor dem Haus stand, in dem wir
wohnten. Meine Mutter war erst kreidebleich,
nahm dann ihren abgemagerten, von den
langen Fußmärschen dreckigen Mann, meinen
Vater, in den Arm und wollte einfach nicht mehr
aufhören zu weinen. Auch meine Schwester
und ich fingen an zu weinen, und auch mein
Vater hatte Tränen in den Augen. Die ganze
Angst, der Kummer, die Sorge, die Freude über
uns vier – wir leben und haben uns wieder –
entlud sich in unserem Weinen. Es war das
einzige und letzte Mal, dass ich meinen Vater
von Gefühlen übermannt weinen sah. Da war
ich so beeindruckt, dass ich auch mal so
werden wollte wie er.

Ich gebe mir bis heute sehr große
Mühe dafür, aber erreichen werde ich seine Art
nie. Mein Vater kam erst einmal in die
Waschküche, es wurde der Ofen an- und

Badewasser heiß gemacht. Unsere Hauswirtin suchte einige Wäsche und Kleidungsstücke von ihrem in Krieg gefallenen Mann zusammen und gab sie meinem Vater in der Hoffnung, sie würden passen. Nach dem Bad, den neuen sauberen Kleidungsstücken, die nicht ganz so passten, hat er erst einmal seit langem was gegessen. Gegessen an einem Tisch mit einem Tischtuch wieder mit Messer und Gabel von einem Teller und aus einem Glas getrunken – heute Selbstverständlichkeiten, damals der erste Schritt wieder ins Leben. Danach hat mein Vater sich hingelegt und zum ersten Mal wieder in einem Bett geschlafen. Ich glaube, mein Vater hat fast 24 Stunden geschlafen.

Nun waren wir Vier wieder zusammen. Mein Vater erzählte sehr sparsam über sich und den Krieg. Wir hörten, wie er in Gefangenschaft gekommen war. Ein junger Obergefreiter war der Zugführer, die Offiziere waren an der West- oder Ostfront oder waren gefallen. In einer wohl aussichtslosen Situation hat der Junge mit seinen paar Soldaten beraten, was zu machen sei. Sie hatten beschlossen, sich zu ergeben und sind dann alle in amerikanische Gefangenschaft gegangen. In russische Gefangenschaft wollten sie nicht, denn die Gräueltaten der russischen Armee eilten den Truppen voraus.

Es musste so Ende Februar gewesen sein. Die paar Soldaten wurden gesammelt und für einen Transport in ein Gefangenenlager in der Nähe von Montabaur zusammengestellt. Dort muss wohl ein sehr großes Gefangenenlager gewesen sein. Um an etwas Essbares zu kommen, hatte mein Vater wohl Kontakt zu einem Bauern aufgenommen, der für die Versorgung des Lagers mit Lebensmitteln verpflichtet wurde. Es herrschte großes Durcheinander im Lager: täglich kamen neue Transporte mit Kriegsgefangenen an, die Erfassung der Namen, Einheiten und Dienstgrade war sehr Zeit aufwendig für die Amerikaner, dann die Entlausung und Untersuchungen. um Seuchengefahren im Lager vorzubeugen. All das ging an die Grenzen der amerikanischen Lagerkommandantur. Es muss Chaos geherrscht haben.

Eines Tages im Sommer 1945 hat mein Vater in einem unbewachten Augenblick das Lager mit dem Bauern und einer Kuh verlassen. Für ihn begann damit die Flucht, eine Flucht quer durch Deutschland, eine Flucht zu Fuß, per Anhalter oder Schwarzfahrer auf damals überfüllten Eisenbahnzügen. Durch das Rote Kreuz hatte mein Vater wohl erfahren, wo seine Familie sich ungefähr zu diesem Zeitpunkt befindet. Er wurde mit Notpapieren ausgestattet, damit er sich, wenn nötig, ausweisen konnte. Seine Flucht dauerte ca. ein viertel Jahr. Im Herbst hatten wir uns wieder.

Mein Vater hat dann mit meiner Mutter besprochen, wie es mit uns weitergehen sollte. Sie beschlossen, nach den Eltern meiner Mutter zu suchen. Lebten sie noch beide, oder war einer verstorben? Wo wohnen sie in Berlin, ist das Haus mit ihrer Mietwohnung stehen geblieben oder Opfer eines Bombenangriffs geworden? Ob wir Vier alle nach Berlin kommen könnten, usw., usw. All das musste geklärt werden: bei den damaligen Postverhältnissen eine langwierige Angelegenheit.

Aber es hat alles geklappt. Wir bekamen Post aus Berlin von meinen Großeltern – dankbar dass wir noch leben, und sollten versuchen, uns nach Berlin durchzuschlagen. Eine Wohnlösung würden wir schon finden.

Nach Berlin

Ende 1945, oder auch Anfang 1946, machten wir uns auf den Weg nach Berlin. Die Reichsbahn, so hieß sie damals, fuhr im Grunde ohne Fahrplan und Zielangaben. Da fast alle Gleise zerstört waren und 90 Prozent der Bahnhöfe, war es schon ein Glück, einen Platz in einem überfüllten Zug in die etwaige Richtung des Zielbahnhofes zu bekommen. Auf den befahrbaren Eisenbahnstrecken hatten natürlich die Transporte der Alliierten immer Vorfahrt und auch die Züge, die die Güter für den Wiederaufbau und Lebensmittel für eine Grundversorgung der Bevölkerung in den entsprechenden Sektoren transportierten.

Die Eisenbahnstrecken waren zu 85 Prozent, wenn überhaupt, nur eingleisig befahrbar. Zum Einen wurden die Schienen für Reparaturzwecke des kaputten Gleises benutzt, und zum Anderen wurden die Schienen in die Länder der Siegermächte abtransportiert. Der

Krieg hatte auch da den öffentlichen Bahnverkehr lahmgelegt. Dieser Abbau und Abtransport der Schienen in die entsprechenden Länder wurden uns als Reparationskosten des Krieges auferlegt. Ganze Gleisanlagen wurden abgebaut. Die Amerikaner machten davon keinen Gebrauch. unsere Reparationskosten bestanden darin, aus nicht ganz zerstörten Fabriken die Maschinen und Pläne jeglicher Art nach Amerika zu schicken. –

Ist man mit der Bahn endlich dort angekommen, musste man sich mit anderen Verkehrsmitteln weiter durchschlagen. Auch hier gab es große Schwierigkeiten. Es gab kein oder wenig Benzin für die Fahrzeuge. Das Benzin, das zur Verfügung stand, wurde auch hier an erster Stelle für alle Transporte zum Wiederaufbau benötigt. Alle Fahrzeuge mit Verbrennungsmotoren waren zu dieser Zeit auf Holzgas umgestellt. Riesige Öfen wurden in und an die Fahrzeuge gebaut. Diese Öfen wurden mit Holz befeuert und stellten dann Holzgas her. Wie das funktionierte, weiß ich nicht mehr. Ich glaube, es handelte sich um ein ähnliches Verfahren, wie es bei der Herstellung von Holzkohle benutzt wird. Es hat jedenfalls fürchterlich gequalmt und gestunken.

Einen geregelten Busfahrplan gab es zu der Zeit auch noch nicht. Die Menschen hatten zu der Zeit ein Organisationstalent, was in den späteren Jahren offensichtlich verloren gegangen ist.

Viel Gepäck hatten wir nicht, hatte keiner. Viele hatten sperriges Gepäck. Es wurde das ganze Bettzeug, wer hatte, transportiert, mitunter auch Kleinmöbel, denn das wenige an Hab und Gut musste gerettet werden. Man konnte es nicht aus den Augen lassen, Diebstahl war zu der Zeit die größte Gefahr im Leben. Es wurde alles gestohlen, was nicht bewacht war. Es wurde einfach alles gebraucht. Die wenigen Habseligkeiten waren ja wieder der Start in einen einigermaßen neuen Lebensanfang.

Wie meine Eltern die Fahrt nach Berlin organisiert hatten, weiß ich nicht mehr. Es war nicht sicher, ob eine Eisenbahnverbindung nach Berlin möglich war. Auch gab es noch keine verbindlichen Fahrpläne, denen man An- und Abfahrzeiten, Umsteigemöglichkeiten oder andere Verbindungen entnehmen konnte. Meine Schwester wurde vergattert, auf mich und das wenige, aber für uns so wichtige Gepäck aufzupassen, wenn Stillstand in der Fahrt eingetreten war, und meine Eltern Erkundigungen einholen mussten, wann und wie an eine Weiterfahrt nach Berlin zu denken war.

Ich weiß nur noch: wir hatten einige dieser Zwangsaufenthalte. Nachts haben wir dann in den Bahnhöfen übernachten müssen. Ich fühlte mich dann in diesen Situationen von meinen Eltern beschützt. Wie meine Mutter oder mein Vater die Verpflegung für uns besorgt haben, war auch ein Wunder. Meine Eltern haben sehr oft zu Gunsten von meiner Schwester und mir auf ihr Essen verzichtet.

Egal, wir hatten es geschafft und sind in Berlin, Berlin Bahnhof Wannsee, angekommen. Jetzt bestand die Notwendigkeit, von diesem Bahnhof, quer durch das sehr zerstörte Berlin nach Steglitz, einem Stadtbezirk von Berlin, zu meinen Großeltern zu kommen. Hier war die gleiche Situation wie in ganz Deutschland: ein öffentliches Verkehrsnetz gab es noch nicht. Man musste fragen, raten, suchen nach entsprechenden Verbindungen. Für diese Strecke – Wannsee-Steglitz –, die heute Schnellbusse in ca. einer Stunde schaffen, haben wir fast zwei Tage gebraucht. Endlich, es muss Anfang des Jahres 1946 gewesen sein – die Sonne hatte schon wärmende Sonnenstrahlen – kamen wir bei meinen Großeltern in Berlin Steglitz, Halskestr. 12a, an.

Steglitz

Es war fast das einzige Haus, was in der Trümmerwüste stehen geblieben war. Wieder waren wir alle sehr gerührt und betroffen, den Krieg mit all seinen Folgen überstanden zu haben, und uns abgemagert, aber gesund und ohne Kriegsverletzungen in die Arme nehmen zu können.

Berlin, da wo meine Großeltern wohnen, wird mein neues zu Hause, meine neue Heimat. So einen zerstörten Ort, eine so zerstörte Stadt hatte ich bis dahin noch nicht gesehen. Ganze Straßenviertel waren zerstört, dem Erdboden gleich gemacht. Nur Schuttberge waren noch da, wo einst sicher die schönsten Häuser standen. Wieder in anderen Straßenzügen standen nur noch die ausgebrannte Treppenhäuser und Fassaden fünfstöckiger Häuser – gespenstisch ihr Anblick. Der gut bürgerliche Bezirk Steglitz mit einst ca. 230000 Einwohnern war eine gute

Wohngegend mit Parkanlagen, vielen Straßenbäumen und Straßenlaternen gewesen. Von all den Bäumen und den Laternen standen ganz vereinzelt nur noch einige. Obwohl die Straßen weitgehend vom Schutt der Ruinen befreit waren, waren doch noch viele Bombenkrater geblieben. Schmalspurgleise für Loren, die den Bauschutt abtransportieren sollten, befanden sich an den Straßenseiten – ein ideales, aber verbotenes Spielgerät für uns Kinder. So sah ich mein Berlin, das darf ich heute aus meiner Sicht so sagen, zum ersten Mal.

Auf der ganzen Flucht sind wir nicht durch so zerstörte Städte gekommen. Großstädte hat der Treck vermieden, und die Kleinstädte und Dörfer waren noch nicht von den Bombenangriffen betroffen. Dies änderte sich erst nach den organisierten zerstörerischen Luftangriffen die von dem englischen General Harris – genannt auch Bomberharris – befohlen wurden. Die Luftangriffe waren fürchterlich.

Ich fing hier in Berlin wieder an, Granatsplitter zu sammeln. Sie lagen überall herum. Auch suchten wir aus Kindersicht nach anderen Schätzen im Schutt der Ruinen. Wir fanden Einiges: Löffel, Töpfe, Orden, Pistolen und leider auch Gegenstände, die sich als

Handgranaten erwiesen. Einem Jungen hat es bei solchen Suchaktionen bei einer Explosion den rechten Unterarm abgerissen. Solche Unfälle passierten fast täglich in den unterschiedlichsten Bezirken von Berlin.

Auch die Trümmerfrauen, heute hat man ihnen ein Denkmal gesetzt, waren vor solchen Gefahren nicht geschützt, denn Granaten und Sprengmittel lagen im Schutt verborgen. Die Trümmerfrauen bekamen als Ausrüstung einen Eimer und einen Hammer. Mit dem Eimer wurde der Schutt in die Loren gekippt, und gefundene, noch ganze Ziegelsteine wurden auf einen großen Haufen geworfen. Da standen dann wieder andere Frauen, die den alten Mörtel von den gefundenen Steinen abklopften, und die so gesäuberten Steine zu großen Blöcken stapelten. Zu trinken gab es Wasser. Mit diesen gesäuberten Steinen wurden die ersten Häuser wieder aufgebaut. Frauen waren diejenigen, die Deutschland wieder aufgebaut haben. Sie fuhren Straßenbahnen, regelten als Verkehrspolizistinnen den noch sparsamen Straßenverkehr, regelten die Essensverteilung, waren bei der Feuerwehr. Sie wurden überall benötigt. Die Männer, die man im Berliner Straßenbild sah, waren überwiegend zum Teil schwer verwundet, liefen an Krücken oder saßen im Rollstuhl. Der andere Teil der Männer war gefallen oder in Gefangenschaft. Aber das Leben ging weiter. Der kleinste freie Fleck Erde wurde zu einem Garten umfunktioniert. Die freien Flächen in den Parkanlagen wurden in kleine Parzellen aufgeteilt und zu Gärten gemacht. Wohl dem, der das Glück hatte, eine dieser Parzellen zu bekommen.

Die Bäume in den Parkanlagen wurden auch immer weniger. Der Winter bedeutete für manchen Baum das Ende. In den kleinen Gärten wurden je nach Reifestand der Frucht, Gemüse oder Obst Wachen aufgestellt. Zu der Zeit wurde, um es mal salopp zu sagen, geklaut, was das Zeug hergab. Tomaten wurden noch grün geerntet und in der Wohnung auf Schränken oder Tischen zum Nachreifen in die Sonne gelegt. Sie wurden tatsächlich rot, aber sie hatten keinen Geschmack. Vieles wurde gar nicht für den Eigenbedarf angebaut, sondern landete auf einem Markt oder auf dem Schwarzmarkt.

Ein Pfund Bohnen oder Erbsen waren da schon ein kleines Vermögen. Eier waren so gut wie gar nicht zu bekommen. Kurz, es fehlte an allem, und wer etwas von den Dingen hatte, verkaufte, oder tauschte es gegen etwas anderes wieder ein. Ich weiß noch wie heute, und begreife es immer noch nicht: neben Zigaretten waren einfache Feuersteine fast das zweitteuerste Angebot auf dem Schwarzmarkt. die Leute mussten höllisch aufpassen und auf der Hut sein, denn der Verkauf und Tausch auf den Schwarzmärkten war strengstens verboten. Die Waren wurden einem abgenommen und sollten dann vernichtet werden. Ob die Vernichtung wirklich stattgefunden hat, bezweifele ich heute.

Auch die Polizisten hatten Hunger und nichts zu essen, und ihre Wohnungen waren genauso kalt wie die der anderen. Überhaupt war die Beschaffungskriminalität sehr hoch. Der Hunger und die Kälte trieben die Menschen zu solchen Handlungen. Es kam nicht selten vor, dass Kinder weinend und bis auf die Unterhose in der Kälte standen. Erwachsene oder ältere Kinder hatten den armen Geschöpfen die dürftigen Kleidungsstücke weggenommen, geraubt. Straßenraub an Kinder war an der Tagesordnung. Man konnte sagen: wenn Kinder einkaufen gingen, wurden zwei von zehn Kindern garantiert überfallen.

Ich weiß ja nicht, wie es in anderen Städten war, aber in Berlin war es zu der Zeit sehr schlimm. sicher war es woanders genauso, denn die Bombenangriffe bezogen sich nicht nur auf Berlin, sondern auf alle Hafenstädte, Hamburg, Bremen usw. und sicher auch auf das Ruhrgebiet als Zentrum der Schwerindustrie.

Es gab aber auch einfachere Methoden. um an Geld, Kleidung und Lebensmittel zu kommen. Viele junge Frauen gingen engere Beziehungen zu den Soldaten der Besatzungsmächte ein. Sie waren im damaligen Straßenbild sofort zu erkennen. Sie waren geschminkt, gut frisiert und gut gekleidet. Von der Bevölkerung wurden sie als Besatzerliebchen bezeichnet, was abwertend war. Für einige war es auch die große Liebe, und sie sind später mit nach Amerika gezogen, und wieder andere sind hier in Deutschland geblieben.

Monte Klamotte

So zerbombt Berlin auch war – es wurde versucht, wieder Ordnung in das Chaos zu bringen. Den Klang der klopfenden Hämmer der Trümmerfrauen, den sie beim Abschlagen von Mörtelresten an den Mauersteinen verursachten, hörte man überall. Diesen Klang habe ich noch heute in den Ohren. Kaputte Mauersteine wurden mit anderem Schutt zusammen auf riesige Halden gefahren. Einige Schutthalden, Schuttberge, wurden mit Sand aufgeschüttet und dann begrünt. So entstand ein künstlicher Berg mitten in Berlin, Bezirk Steglitz, der so genannte Monte Klamotte. Dieser Berg ist ca. 150 bis 200 Meter hoch, heute ein Bestandteil der städtischen Grünanlagen, und auf seinem Gipfel ist später eine Sternwarte gebaut worden. Der Monte Klamotte wurde im Winter zum Rodelparadies.

Die Wege wurden nicht gestreut, und so gab es doch einige Rodelbahnen. Wohl dem, der einen Schlitten hatte. Der Schlitten war im Winter ein Haupttransportmittel. Er wurde mit Holz zum Heizen beladen, für Krankentransporte, Möbeltransporte usw. genutzt. Mancher Schlitten ist überladen gewesen und ging zu Bruch. Der Weg der Bruchstücke war vorgegeben: sie wurden verheizt. Die Winter in Berlin waren immer bitter kalt. Da Berlin kontinentales Klima hat, kam das Wetter im Guten wie im Schlechten aus dem Osten, aus Russland. Ein Hoch im Sommer über Russland sorgte für schöne, warme Sommer, und ein hoch im Winter sorgte für eisige, bittere Kälte. Diese Hochdruckgebiete waren und sind es auch heute noch sehr stabil und sorgten damals wie heute für die Großwetterlage.

Neben den Rodelbahnen wurden im Winter überall Eisbahnen angelegt. Feuerlöschteiche wurden zu Eisbahnen. Es wurden viele dieser Teiche in den Kriegsjahren angelegt. Sie mussten gut zugefroren sein, sonst brach man im Eis in das eiskalte Wasser ein. Es war gefährlich, zu früh auf diesen Teichen Schlittschuh zu laufen. Freie Plätze, zum Beispiel alte Sportstätten wie Tennisplätze, oder Schulhöfe von zerbombten Schulen wurden mit Wasser besprüht, und über Nacht wurden die die schönsten Eisbahnen.

Ich hatte im Schutt der Ruinen paar Schlittschuhe gefunden, mein Heiligtum. Sie wurden geputzt, von rostigen Stellen befreit und dann, für damalige Verhältnisse, blitzblank aufs Eis gebracht. Das Schuhwerk erlaubte meist nicht, die Schlittschuhe an den Schuhen zu befestigen. Es wurde mit Riemen und Schnüren versucht, die Schlittschuhe an den Schuhen zu befestigen. Mit diesen abenteuerlichen Konstruktionen ging man dann aufs Eis, und es ging. Man konnte Schlittschuh laufen, wenn auch sehr wackelig, aber es ging.

Für diese Dinge wurde viel Zeit aufgebracht, die wir Kinder ja im Überfluss hatten. Es wurde keine Straße, kein Bürgersteig gestreut, und so konnte man sogar auf den Straßen gefahrlos Schlittschuh laufen. Autos gab es ja keine.

Die westlichen Besatzungsmächte, bei uns die Amerikaner, hatten reichlich Heizmaterial. Die Amtsstuben der amerikanischen Verwaltung waren immer gut, fast zu gut, beheizt, und so schlichen wir uns in diese Gebäude, um uns aufzuwärmen. Wenn wir erwischt wurden, war der Traum von Wärme schnell beendet.

Kohlenklau

Jede der Alliierten, Amerikaner, Engländer, Franzosen und Russen hatten ihre eigenen Bahnhöfe. Da Berlin mitten im russischen, sowjetischen Sektor lag, wurde jeder Zug, der nach Berlin oder von Berlin in den Westen fuhr, von den Russen kontrolliert. Nur die Züge der westlichen Alliierten konnten ohne Kontrollen die Grenzen passieren. Jeder wusste, wo diese Bahnhöfe der Alliierten in ihrem Sektor lagen. Wir wussten natürlich, wo der Bahnhof im amerikanischen Sektor lag.

Es war also naheliegend, im Winter dort auf die ankommenden amerikanischen Kohlezüge zu warten. Bei den unter Bewachung beladen Lastwagen, die dann die Kohle in ihre bewachten Depots, Kasernen, Krankenhäuser oder Verwaltungsgebäude fuhren, wurden von der Bevölkerung streng bobachtet. Man kannte jede Kurve, in denen Kohlestücke von den beladenen Lastwagen fallen könnten. War Kohle auf die Straße gefallen, waren sofort Menschen mit Handfegern, Müllschaufeln und Beuteln zur Stelle, die die Stückchen Kohle aufkehrten. An den Stellen war dann keine Spur von Kohle mehr zu finden: sauber, Kohle frei. Jetzt wurden wir Kinder von den Erwachsenen benötigt. Nicht mehr die ständigen Fragen: was macht ihr da? Oder: das bleibt liegen! Wollt ihr wohl verschwinden, hier wird nicht geklaut usw. Sie brauchten uns zum Kohlen klauen.

Wir alle wussten genau, wo die Züge ganz langsam fuhren oder anhalten mussten. An diesen Stellen sind wir dann spielend in der Dunkelheit auf die Züge geklettert, oder hatte Löcher in den Zaun geschnitten, um auf die Züge klettern zu können. Einmal auf so einem Kohlenwagon, wurde einfach planlos Kohle über die Sperrzäune geworfen. Die Kohle wurde sofort aufgesammelt und im Eiltempo wieder mit Besen, Schaufel und Beutel die Straße gereinigt. Es musste alles sehr schnell gehen, denn die Bewachung der Züge kannte dies Stellen auch. Wir waren aber immer schneller als die Wachen.

Für die Bewachung der Züge hatten die Amerikaner deutsche Männer eingestellt. Zu der Zeit standen eigentlich nur alte oder auch kriegsversehrte Männer für diese Tätigkeit zur Verfügung. Und wenn mal einer von uns von den Wachen erwischt wurde, dann wurden sie den Amerikanern übergeben. Wenn die uns sahen, unterernährt, dreckig von der Kohle und in unserer geflickten Kleidung, Hose, Hemd, wenn vorhanden richtige Schuhe, dann gab es eine mündliche Verwarnung, und meistens ein Stück Schokolade auf den Weg. Sie sahen, dass wir keine Kriminellen, keine Verbrecher waren. Ich glaube, im Rheinland wurde diese Art des Klauens von dem Kardinal Frings abgesegnet. Es hieß hier nicht klauen, sondern wurde „fringsen" genannt.

Ich kann mir vorstellen, nicht nur in Berlin, sondern in allen zerstörten Städten Deutschlands wurde diese Art der Selbstversorgung angewandt. Um auf unseren Kohlenklau zurück zu kommen, muss ich sagen, dass die Not hatte aus uns in dieser Situation eine Gemeinschaft gemacht hat. Wir Kinder bekamen unseren ehrlichen Anteil. Auch, wenn wir Angst haben mussten, an der nächsten Straßenecke von den gleichen Erwachsenen überfallen zu werden, um uns unsere Kohle wegzunehmen, so war das ein großes Abenteuer für uns. Natürlich hatten wir unsere Schleichwege durch die Keller der Ruinen und brachten fast immer unsere Beute nach Hause.

Schwarzmarkt

Wie durch ein Wunder waren nicht alle
Häuser zerstört, oder nur teilweise zerstört
worden. Wir wohnten ja auch in einem teilweise
zerstörten Haus. Die Wohnungen in den nicht
zerstörten Häusern wurden von der Stadt, dem
Senat, nach Bedarf belegt. Eine allein lebende
Person – alleine, warum auch immer, Mann,
Söhne im Krieg gefallen oder in
Gefangenschaft geraten – bekamen eine
Zwangseinquartierung. Jeder Wohnraum wurde
ja dringend gebraucht. Bei uns im Haus gab es
auch solche Einquartierungen. Die Namen
vergisst man nie.

Bei uns gab es dann die
Namenskombinationen wie, Mülles - Mutz,
Kräch - Lange, Koch - Axt und Grünwald -
Koch. Heute würde man sagen, es handelte
sich um Not-WGs. Bad und Küche wurden von
allen nach strenger Zeiteinteilung benutzt. Die
Zimmer waren für jeden sein eigener
Lebensbereich. Die Fenster teils mit Pappe
versehen, oder kleinen Glasscheiben, die vom

Glaser kunstvoll durch kleine Holzleisten in den Fensterrahmen befestigt waren. Ich erinnere mich an die Straßenbilder, bei denen an den Hausfassaden fast aus jedem Fenster ein kleines Ofenrohr ragte. Die einzelnen Zimmer mussten ja beheizt werden, und die alten Kachelöfen waren durch die Bombenangriffe und den dadurch entstandenen Luftdruck zu 90 Prozent nicht zu gebrauchen.

Es musste für teures Geld oder guten Tauschobjekten ein primitiver Ofen zum Heizen und auch mitunter zum Kochen angeschafft werden. Man muss sich das mal vorstellen: zu der Zeit gab es nichts, rein gar nicht. Alles musste getauscht oder aus den Ruinen in lebensgefährlicher, halsbrecherischer Art geholt werden. Bei diesen Aktionen gab es auch viele Verletzte. Manch sicher aussehender Halt war aber so spröde, durch Feuer oder Luftdruck, dass er unter den Füßen der Leute wegbrach. Wer also seinen kleinen Ofen mit Ofenrohren angeschlossen hatte, der brauchte natürlich Heizmaterial. Im Straßenbild sah man Frauen und Männer, alt, kriegsverletzt, auch kriegsverletzte Frauen, mit abenteuerlichen, selbst gebauten Wägelchen auf Brennstoffsuche gehen. Ruinen gaben natürlich am meisten Brennstoff her. Dachpappe war ein sehr begehrter Brennstoff. In den Öfen wurde alles Brennbare verbrannt: Schuhe, Knochen,

Dachpappe, Sägemehl – eben alles, was man finden konnte und was brennbar aussah.

Aus jedem der vielen kleinen Ofenrohre, die aus den Fenstern ragten qualmte es, und jeder Rauch hatte eine andere Farbe – je nach dem, was gerade verbrannt wurde. Ganze Straßenzüge waren manchmal so eingenebelt, dass man die Sonne nur ahnen konnte. Heute würde man von Smog reden und die Bewohner zwingen, ihre Wohnungen zu verlassen, weil da so viel Gift und krankheitserregende Stoffe in der Luft waren. Krankheiten der Atemwege waren an der Tagesordnung. Der Qualm, schlecht Schuhe und schlechte Kleidung beschleunigten diese Erkrankungen. Alle husteten oder waren heiser. Auf alle Fälle, die Menschen hatten ein warmes Zimmer und eine Stelle, wo sie etwas kochen oder wenigsten Wasser wärmen konnten.

Tabak

Auf dem freien Markt war Tabak nicht zu bekommen. Wenn Tabak angeboten wurde, so war der Tabak garantiert auf illegalem Wege – zu Deutsch geklaut – an den Händler gekommen. Auf dem Schwarzmarkt, so hieß der illegale Markt, war alles zu bekommen. Keiner fragte, woher die Angebote kamen. Die Polizei war den Schwarzmarkthändlern auf der Spur, aber Schwarzmärkte gab es an jeder Straßenecke.

Einige Märkte hatten sich auf bestimmte Artikel spezialisiert, auf wieder anderen Märkten gab es alles. Nun zum Tabak: jeder Raucher hatte von Bekannten, Freunden oder anderen Leuten Tabaksamen bekommen – natürlich im Tausch zu anderen Dingen, die der betreffende gerade brauchte. Dieser Tabaksamen wurde gehütet, als wären es Goldbarren. In Blumenkästen und -töpfen wurden die zarten Pflänzchen gezogen. Da die Pflanzen sehr groß wurden, war es natürlich ein

Problem, die Pflanzen in die Erde zu bringen, mit dem Sonnenlicht, und das allergrößte Problem, die Pflanzen diebstahlsicher anzupflanzen – eine fast unlösbare Situation für den Raucher. Auch Nichtraucher bauten mitunter Tabak an, einige Pflanzen natürlich nur, um damit als Verkaufsobjekt oder Tauschobjekt auf den Schwarzmarkt zu gehen.

Tabak war eine gute Währung. Mein Vater, ich weiß nicht wie, hat all seine Tabakpflanzen, vier oder fünf Stück, gut bewacht bis zur Ernte gerettet. Jetzt wurden die großen Blätter von den Stielen gelöst und zum Trocknen vorbereitet. Das Trocknen war auch wieder mit den bekannten Problemen belastet. Wo trocknen, und wie schütze ich die zu trocknenden Blätter vor Diebstahl? Der größte Teil der Tabakblätter wurde auf eine Schnur gezogen. Schnur musste auch besorgt werden –Schwarzmarkt – und dann recht abenteuerlich mit Nägeln und Haken an der Zimmerdecke zum Trocknen befestigt. Die alten Wohnungen, eigentlich überall in Deutschland, hatten eine Deckenhöhe von ca. 3,70 Meter. Die Blätter waren keine Behinderung, bis auf den Geruch. In den Treppenhäusern konnte man schon riechen, wo Raucher wohnten.

Was aber nun mit den getrockneten Blättern machen? Sie mussten geschnitten werden. Zuerst wurde der Strunk entfernt und dann mit dem Messer oder der Schere in ganz feine Streifen geschnitten. Glücklich war der, der eine handbetriebene Schneidemaschine besaß oder sich so ein Gerät ausleihen konnte. Dann begann der Trockenvorgang von neuem, aber dieses Mal diebstahlsicher in der Wohnung auf dem Küchentisch, dem Fußboden oder einer anderen Fläche. Von Zeit zu Zeit wurde schon mal ein Pfeifchen geraucht, um die Qualität des Tabaks zu testen. Ich erinnere mich genau: der Rauch, der aus der Pfeife kam, farblich mal grün oder gelb, stank fürchterlich.

Manch ein Raucher ersparte sich den häuslichen Tabakanbau, indem Kinder für ihre Väter Zigarettenstummel, die sogenannten Kippen, sammelten. Die Amerikaner rauchten ihre Zigaretten nur bis zur Hälfte und warfen die Kippe dann weg. Bei den gesammelten Kippen wurde das Zigarettenpapier entfernt und der Tabak in einer Tabakblechdose gesammelt. An einem Tag kamen auf diese Art und Weise bestimmt hundert bis zweihundert Gramm Tabak zusammen.

Ich brauchte keinen Gedanken an diese Kippensammelei zu vergeuden. Mein Vater hätte sofort den gesammelten Kippentabak in den Müll geworfen und sicher ein sehr ernstes Gespräch erst mit mir geführt.

Ich bin auch gar nicht auf die Idee gekommen, Kippen für meinen Vater zu sammeln, was mich wiederum nicht davon abhielt, mit meinen Freunden für deren Väter Kippen zu sammeln.

Biologieunterricht

Es war eine verrückte Zeit. In den Sommermonaten hatten wir wenigstens an wenigen Tagen Schulunterricht. Es wurde natürlich für immer mehr Schulräume gesorgt, aber auch die Lehrer hatten ihre kleinen Gärten und Parzellen, die bewacht, gegossen, gedüngt und geerntet wurden. Wir Kinder mussten für diese Lehrergärten dann auch schon mal Pferdeäpfel von den Straßen sammeln. Wir bekamen einen kleinen Eimer und eine Müllschüppe in die Hand und sind so auf die Suche nach den Pferdeäpfeln gegangen. Man darf nicht denken, dass wir die einzigen waren, die sammeln gingen. Fast jeder, der ein Gärtchen hatte, sammelte dieses Naturprodukt.

Wir hatten ständig Biologieunterricht. Wir kannten alle Kräuter, kannten Sauerampfer, wussten wann welche Beeren oder Äpfel, Kirschen, Pflaumen oder Birnen reif waren. Wussten, was man alles vom Holunder essen konnte, wussten, dass getrockneter Kürbiskern bester Mandelersatz war.

Wir haben alles gegessen: Mohrrüben, Kohlrabi und andere Knollen. Nach Sauberkeit wurde da nicht gefragt, die Möhren kurz ins Wasser gehalten und dann sofort gegessen. Es blieb dabei nicht aus, dass man von Zeit zu Zeit eine üble Wurmerkrankung bekam. Nichts hat uns davon abgehalten, das nächste Mal wieder unsauberes und unreifes Obst oder andere Früchte zu essen. Im Herbst wussten wir, auf welchen Ruinengrundstücken Maronenbäume, Esskastanien, standen. Im Grunewald haben wir Pilze gesammelt, von denen ich heute nur die Hälfte essen würde. Wir wurden zu Sammlern gemacht. Und immer mussten wir aufpassen, nicht erwischt zu werden, denn dann wurden uns unsere Pilze weggenommen. Alles Essbare wurde immer irgendwie und von irgendwem bewacht. Man musste auf der Hut sein.